September — Oktober — November
Herbstanfang 23. September
HERBST

Dezember — Januar — Februar
Winteranfang 21. Dezember
WINTER

5. Auflage 1993
© 1983 Verlag Heinrich Ellermann München 19
Alle Rechte vorbehalten
Printed in Germany
ISBN 3-7707-6235-5

Die Sonnen-Uhr

Mit Pflanzen und Tieren durch das Sonnenjahr
gemalt und erzählt von Una Jacobs

Ellermann Verlag

Die Sonne und die Erde

Dieses Buch erzählt von der Sonne, die mit ihrem Licht, ihrer Wärme und ihrer Kraft dich und mich und alles Lebendige erhält.
Als kleine, runde Scheibe sehen wir die Sonne am Himmel. In Wirklichkeit aber schwebt sie wie ein gewaltiger Feuerball im Weltraum. Unablässig schleudert sie ihre glühenden Strahlen nach allen Seiten. Einige davon treffen auf eine blauschimmernde Kugel. Das ist die Erde, die zusammen mit dem winzigen Mond durch den Weltraum fliegt. Zum Glück ist die Sonne so weit weg, daß ihre Strahlen die Erde nicht verbrennen. Sie ist aber doch so nah, daß die Erde genügend Wärme erhält, und Pflanzen, Tiere und Menschen hier leben können.

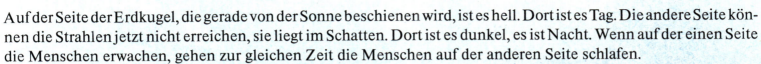

Auf der Seite der Erdkugel, die gerade von der Sonne beschienen wird, ist es hell. Dort ist es Tag. Die andere Seite können die Strahlen jetzt nicht erreichen, sie liegt im Schatten. Dort ist es dunkel, es ist Nacht. Wenn auf der einen Seite die Menschen erwachen, gehen zur gleichen Zeit die Menschen auf der anderen Seite schlafen.
Tag und Nacht wechseln einander ab. Das kommt daher, weil sich die Erde, auf der wir wohnen, wie ein Kreisel dreht. Dazu braucht sie 24 Stunden. Wenn es bei dir Nacht wird, dreht sich dein Wohnort langsam von der Sonne weg in den Schatten hinein. Und wenn es bei dir wieder Tag wird, wandert dieser Ort langsam aus dem Schatten heraus ins Sonnenlicht. So trägt die Erde dich und alle Erdbewohner mit sich durch Licht und Schatten.

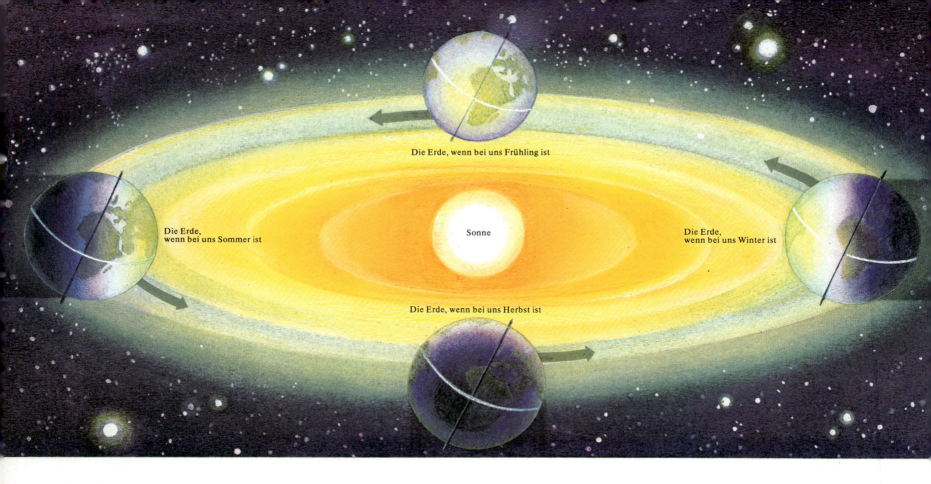

Die Sonne und die Jahreszeiten

Vielleicht hast du schon einmal einen Globus gesehen. So nennt man eine Nachbildung der Erdkugel. Der durch den Globus gehende Stab stellt die Erdachse dar. Um die Achse dreht sich die Erde, und so entstehen Tag und Nacht. Aber die Achse, die man in Wirklichkeit gar nicht sieht, steht nicht gerade, sondern etwas schräg. Das ist wichtig, denn es bewirkt, daß es die Jahreszeiten gibt.

Stell dir vor, du könntest vom Weltraum aus zusehen, wie die Erde auf einer großen Bahn um die Sonne wandert. Ein ganzes Jahr braucht sie dazu. Immer bleibt ihre Achse in derselben schrägen Stellung. Deshalb bekommt einmal der obere Teil der Erde mehr Sonne, einmal der untere. Wir wohnen auf dem oberen Teil der Erde, auf der nördlichen Halbkugel. Wenn diese mehr Sonne bekommt, ist bei uns Sommer. Ein halbes Jahr später ist dieser Teil von der Sonne weggeneigt. Dann ist es bei uns Winter. Im Frühling und Herbst scheint die Sonne auf alle Teile der Erde ungefähr gleich. Auf der südlichen Halbkugel sind die Jahreszeiten genau umgekehrt. Wenn bei uns Winter herrscht, ist dort Sommer.

Auf dem Bild oben siehst du, wie die Erde im Weltraum um die Sonne kreist. Weil du aber auf der Erde stehst, sieht alles ganz anders aus. Nun scheint die Sonne über den Himmel zu wandern. Sicher kennst du den Spruch: »Im Osten geht die Sonne auf, im Süden steigt sie hoch hinauf, im Westen wird sie untergehn, im Norden ist sie nie zu sehn.«

Den Weg der Sonne über den Himmel nennt man Sonnenbogen. Er ändert sich jeden Tag im Jahr. Je länger die Sonne für den Bogen braucht, desto länger werden die Tage. Und je steiler ihre Strahlen die Erde treffen, desto wärmer wird es auf der Erde.

Die vier Bilder auf der nächsten Seite zeigen, wie der Sonnenbogen in den vier Jahreszeiten bei uns aussieht.

Der Sonnenbogen

Bei *Frühlingsanfang,* am 21. März, braucht die Sonne für ihren Weg vom Aufgang bis zum Untergang etwa 12 Stunden, also einen Tag. Tag und Nacht sind jetzt gleich lang. Aber jeden Morgen kommt die Sonne früher hervor und geht am Abend später unter. Die Tage wachsen. Immer länger und steiler fallen die Strahlen der Sonne auf die Erde und bringen deshalb mehr Licht und Wärme.

Bei *Sommeranfang,* am 21. Juni, ist es etwa 16 Stunden hell. Nun ist der längste Tag, es ist Sommersonnenwende. Mittags erreicht die Sonne ihren höchsten Stand im Jahr. Lang und steil treffen ihre Strahlen die Erde. Aber von jetzt an sinkt der Sonnenbogen wieder, und die Tage werden kürzer.

Bei *Herbstanfang,* am 23. September, sind Tag und Nacht wieder gleich lang, wie beim Frühlingsanfang. Jeden Morgen wird es etwas später hell und am Abend etwas früher dunkel. Immer kürzer und schräger treffen uns die Sonnenstrahlen, und dadurch wird es immer kühler.

Bei *Winteranfang,* am 21. Dezember, ist der Sonnenbogen ganz flach. Es ist Wintersonnenwende, also der kürzeste Tag im Jahr. Es ist dunkel, wenn du aufstehst, und es ist schon wieder dunkel, wenn du ins Bett gehst. Aber von jetzt an werden die Tage wieder länger, und Licht und Wärme kehren zurück.

Über die Sonnenstrahlen

Wenn am Morgen die ersten Strahlen der Sonne in dein Zimmer scheinen, haben sie schon einen Weg von vielen Millionen Kilometern hinter sich. Sie brauchen dazu nur 8½ Minuten, denn mit unglaublicher Geschwindigkeit schießen sie durch den Weltraum (1). Zum Glück kommen sie nicht so bei dir an, wie die Sonne sie abgeschickt hat, denn sonst gäbe es auf der Erde kein Leben. Eine dicke Luftschicht, die Atmosphäre (2), hüllt die Erde wie eine weiche Decke ein. Sie ist ein guter Schutz, denn ein großer Teil der Strahlen prallt an ihr ab und wird zurückgeschickt in den Weltraum. Nur wenige durchdringen sie und die darunterliegenden Wolkenschichten (4). Doch von diesen Sonnenstrahlen hängt alles Leben auf der Erde (5) ab.

Nach der Dunkelheit der Nacht macht die Sonne am Morgen dein Zimmer hell und alles wird wieder sichtbar. Das *Sonnenlicht* ist stärker als Millionen Kerzen oder Glühbirnen. Es ist sogar so stark, daß es deinen Augen schadet, wenn du direkt in die Sonne schaust.

Sonnenstrahlen kannst du nicht nur als Licht sehen, sondern auch als Wärme fühlen. Es ist die *Sonnenwärme*. Die Atmosphäre läßt sie nur zum Teil herein und das ist gut so, sonst würden bald alle Meere kochen. Sie hält die Wärme aber auch über der Erde gefangen und läßt sie nicht so schnell wieder in den Weltraum entweichen. Es ist ähnlich wie bei einem

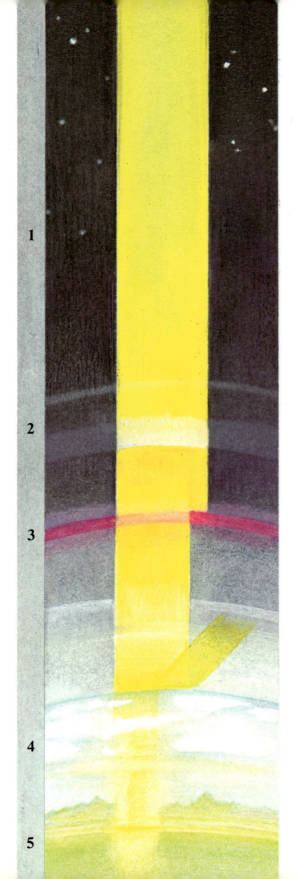

Auto, das in der Sonne steht. Innen ist es wärmer als außen.

Nicht alle Strahlen der Sonne sind gut für uns. Im Gegenteil, manche können uns sogar schaden. Es sind vor allem die Ultraviolett-Strahlen. Eine besondere Schicht der Atmosphäre, die Ozonschicht (3), läßt nur wenige durch. Obwohl wir diese Strahlen nicht sehen, merken wir sie bald, denn wir bekommen einen Sonnenbrand. Unsere Haut schützt den Körper davor; sie wird braun und bewahrt uns so vor größerem Schaden.

Sonne und Weltraum, Erde und Atmosphäre sind unermeßlich weit entfernt und von gewaltiger Größe. Damit du sie dir besser vorstellen kannst, wurden sie hier auf den Bildern stark vereinfacht dargestellt.

Der Regenbogen und die Farben

Manchmal geht ein Platzregen nieder. Wenn zur gleichen Zeit die Sonne durch ein Wolkenloch spitzt, wird aus dem Sonnenlicht ein Regenbogen. Als es durch die Regentropfen schien, hat es sich verändert. Nun sieht man, daß das weiße Sonnenlicht aus einzelnen Farben besteht. Es sind die Regenbogenfarben Rot, Orange, Gelb, Grün, Blau und Violett.

Obwohl alles vom gleichen weißen Sonnenlicht beschienen wird, zaubert jeder Gegenstand eine andere Farbe daraus hervor. Ein Blatt erscheint uns grün, weil es nur den grünen Anteil des Lichtes zurückwirft, während alle fünf anderen Regenbogenfarben darin verschwinden. Der rote Marienkäfer spiegelt nur den roten Anteil zurück. Weiße Dinge reflektieren alle Anteile des Sonnenlichts.

Deshalb erscheinen sie für uns weiß. Schwarze Dinge dagegen verschlucken alles Sonnenlicht und dazu noch die Sonnenwärme. Darum werden sie oft richtig heiß. Vielleicht hast du das selbst schon einmal bemerkt, als du an einem warmen Tag auf dem dunklen Asphalt barfuß laufen wolltest?

Wie schön ist eine bunte Sommerwiese oder ein schillernder Schmetterling! Die Farbenpracht in der Natur ist aber nicht nur dazu da, um uns zu erfreuen. Farben haben eine wichtige Aufgabe für Pflanzen und Tiere. Die leuchtenden Beeren zwischen den Blättern zum Beispiel werden von den Vögeln schnell gefunden. Der gelbe Löwenzahn, das violette Veilchen und viele andere Blüten locken mit ihren Farben Insekten an. Der grüne Laubfrosch möchte auf dem grünen Blatt möglichst wenig auffallen, damit ihn seine Feinde nicht entdecken.

Vom Wasser und den Temperaturen

»Heute scheint die Sonne nicht«, sagt man manchmal, wenn der Himmel mit Wolken bedeckt ist. Aber die Sonne scheint natürlich immer. Nur versperrt ihr dann eine dicke Wolkendecke den Weg und läßt weniger Licht und Wärme durch.

An so einem trüben, grauen Tag regnet es oft in Strömen. Kaum scheint die Sonne wieder auf das nasse Land, auf die Pflanzen, auf Seen und Meere, verdunstet das Wasser. Dabei trägt es die warme Luft in winzigen Tröpfchen nach oben. Die Tröpfchen bilden Wolken und fallen als Regen wieder auf die Erde. So ist das Wasser in ewiger Bewegung, wie ein Rad, das durch die Sonnenwärme angetrieben wird.

Die Wärme der Luft ändert sich ständig. Natürlich ist es in der Sonne wärmer als im Schatten, und im Sommer wärmer als im Winter. Aber viele andere Dinge können auch die Wärme beeinflussen. Zum Beispiel, ob du am Meer bist oder in den Bergen, oder ob ein starker Wind geht.

Wie warm es wirklich ist, können wir oft nicht richtig fühlen. Frierst du nicht auch manchmal beim Baden im Sommer oder schwitzt, wenn du im Winter herumrennst? Um die Wärme genau zu messen, benützt man ein *Thermometer*. Es zeigt die Temperatur an.

Dieses Thermometer zeigt eine Temperatur von 20 Grad über Null (+ 20°). In einem feinen Röhrchen befindet sich eine blaue Flüssigkeit. Je wärmer es ist, desto mehr dehnt sie sich aus und klettert dabei in der Röhre nach oben.

Wärme kann vieles verändern. Am Wasser sieht man das besonders deutlich, denn es nimmt verschiedene Formen an. Wenn es gefriert, sagt man bei uns, es hat *Null* Grad. Bei Temperaturen *über Null* Grad ist das Wasser flüssig. Nun gluckert und plätschert es im Bach, der Seespiegel kräuselt sich im Wind und die Regentropfen versickern im Boden. Bei Temperaturen *unter Null* Grad verwandeln sich die Regentropfen in Schneeflocken, und an den Fenstern wachsen seltsame Blumen aus Eiskristallen. Das Wasser liegt als Schnee auf dem Land. Seen und Teiche sind zugefroren.

Auf den vorigen Seiten hast du etwas über Sonnenlicht und Sonnenwärme gehört, und warum sie bei uns so ungleich über das Jahr verteilt sind. Nun sollst du erfahren, wie wunderbar sich Pflanzen und Tiere auf diesen Wechsel von Hell und Dunkel, von Wärme und Kälte eingestellt haben. Sie tun dies auf ganz verschiedene Weise. Viele Beispiele, die in diesem Buch keinen Platz haben, wirst du selbst entdecken, wenn du dich aufmerksam in der Natur umsiehst.
Nach dem Kalender der Menschen beginnt das Jahr am 1. Januar, also mitten im Winter. Dieses Buch aber erzählt von der Sonne und folgt ihrem Jahreslauf. Darum beginnt es mit der sonnenreichen und warmen Hälfte des Jahres, wenn die Tage länger werden als die Nächte. Es beginnt mit dem Frühling.

Hier zeigt das Thermometer eine Temperatur von 11 Grad unter Null (–11°). Es ist ein eiskalter Wintertag. Die Flüssigkeit des Thermometers hat sich zusammengezogen.

Der Frühling

In der warmen Frühlingssonne schmilzt der letzte Schnee. Bald taut auch der gefrorene Boden auf und wird langsam weich. Durch Erde und Laub arbeiten sich die Knospen vieler Frühlingsblumen nach oben zum Licht. Der Huflattich hier auf dem Bild ist einer der ersten, der seine Blüten öffnet. Schon sind auch Bienen und Schmetterlinge zur Stelle. Erst später entfaltet der Huflattich die schirmförmigen Blätter und streckt sie der Sonne entgegen.

Alle Pflanzen brauchen die Sonne. In ihrem Licht und ihrer Wärme steckt nämlich auch noch *Sonnenenergie*. Daraus schöpfen die Pflanzen Kraft zum Wachsen und Blühen. Die grünen Blätter fangen die Energie ein und stellen damit ihre Nahrung selbst her. Dazu nehmen sie aus der Luft das Kohlendioxid und aus dem Boden das Wasser, in dem einige Nährsalze gelöst sind. Aus diesen Teilen bauen sie Stärke, Zucker und andere Nährstoffe auf. Und darinnen steckt nun die Sonnenenergie.

Diesen Vorgang nennt man *Fotosynthese*. Sehr wichtig dabei ist das Blattgrün. Überall auf der Welt, wo Sonne auf grüne Blätter scheint, findet Fotosynthese statt: Im Huflattich, auf allen Wiesen und Feldern genauso wie im Urwald.

Einen Teil der Nahrung verbraucht die Pflanze für sich selbst. Man kann auch sagen, sie ißt das auf, was sie mit der Sonnenenergie aus Luft und Wasser gekocht hat. Aber in ihrer »Blattküche« bereitet sie so viele Nährstoffe zu, daß sie etwas davon speichern kann. So einen Vorrat bewahrt zum Beispiel der Huflattich den ganzen Winter über in seiner Wurzel auf. Deshalb kann er schon ganz früh im Jahr damit seine Knospen bilden. Manche Pflanzen packen den Vorrat in die Samen. Er kommt den jungen Pflänzchen zugute, wenn sie in der Frühlingssonne des nächsten Jahres keimen.

Löwenzahn

Tag und Nacht im Leben der Pflanzen

Wenn die Nacht vorüber ist, geht die Sonne auf. Und wenn der Tag vorüber ist, geht die Sonne unter. Es folgt die Nacht und wieder der Tag und immer so weiter. Licht und Dunkelheit wechseln sich ab. Pflanzen können das Licht nicht sehen, so wie wir mit unseren Augen. Aber sie spüren genau, wann es morgens hell wird. Dann öffnen sich die Blüten des Löwenzahns und vieler anderer Blumen. Zu dieser Zeit haben sie besonders viel Nektar für die Insekten.

Vor allem aber beginnen die grünen Blätter die Sonnenenergie einzufangen. Lichthungrig drehen und wenden sie sich zur Sonne hin. Wenn es dunkel wird und bei regnerischem Wetter schließen sich die Löwenzahnblüten.
Einige Pflanzen brauchen wenig Sonne und gedeihen auch im Schatten. Ihre großen Blätter helfen ihnen, dort noch genügend Licht aufzunehmen. Aber im dichten, dunklen Wald verhungern auch Schattenpflanzen.

Pflanzen im Schatten
1 Maiglöckchen
2 Wurmfarn
3 Wald-Sauerklee

Pflanzen in der Sonne
4 Weiße Taubnessel
5 Wiesen-Glockenblume
6 Löwenzahn

Nachtkerze

In der Dämmerung öffnet sich die Nachtkerze. Sie gehört zu den Pflanzen, deren Blüten erst jetzt mit Nektar gefüllt sind. Der starke Duft und die hell schimmernden Farben weisen auch in der Dunkelheit ihren Gästen den Weg. Es sind vor allem Nachtschmetterlinge.
Am Abend falten der Sauerklee und andere Pflanzen ihre Blätter wie zum Schlaf zusammen. Aber Pflanzen schlafen nicht. Während der Nacht müssen sie die Nährstoffe, die sie tagsüber gebildet haben, in andere Teile der Pflanze transportieren. Sie müssen Platz schaffen, damit die Blätter am nächsten Morgen die Sonne wieder aufnehmen können.
Tag und Nacht, Hell und Dunkel – an diesen Rhythmus haben alle Pflanzen ihr Leben angepaßt. Einige von ihnen sind hier auf den Tag- und Nachtbildern zusammengestellt.

Pflanzen, die »schlafen«
7 Wald-Sauerklee
8 Löwenzahn
9 Wiesen-Glockenblume

Pflanzen, die abends Nektar bilden
10 Nachtkerze
11 Zaunwinde
12 Weiße Nachtnelke
13 Wald-Geißblatt

Kohlmeise

Der eine schläft, der andere ist wach

Beinahe alle Tiere haben einen festen Stundenplan für Schlafen, Fressen und Nichtstun. Sie beginnen damit zu verschiedenen Tageszeiten. Die einen sind tagsüber wach und schlafen nachts, ähnlich wie du und ich. Andere sind in der Nacht munter und verschlafen dafür den hellen Tag.

Die Kohlmeise begrüßt die Sonne am Morgen mit einem Lied. Zum Frühstück sucht sie sich Raupen und Mücken. Die Sonne hat diese wärmeliebenden Insekten schon aus ihrem Versteck gelockt. Zwischen den Mahlzeiten putzt die Meise ihr Gefieder und paßt gut auf, was um sie herum vor sich geht. Denn natürlich sind am Tage auch ihre Feinde unterwegs. Wenn es dunkel wird, zwitschert die Meise ihr Abendlied. Dann steckt sie den Kopf unter den Flügel und schläft.

Tiere, die meist tagsüber unterwegs sind

1 Kohlweißling
2 Wanderfalke
3 Kohlmeise
4 Eichhörnchen
5 Rotkehlchen
6 Eidechse
7 Erdhummel

Waldmaus

Die meisten Tiere kann man in der Abenddämmerung sehen. Nun sind die einen gerade dabei, ihren Schlafplatz aufzusuchen, während die anderen ihn schon verlassen haben. Vorsichtig klettert die Waldmaus aus ihrem Nest. Wie die meisten Nachttiere besitzt sie nicht nur eine feine Nase, sondern auch gute Ohren. So hört sie das leiseste Rascheln und kann sich vor dem Waldkauz und ihren anderen Feinden rechtzeitig verstecken. Wenn der Morgen dämmert, schlüpft die Waldmaus wieder in ihr Nest.

So, wie auf diesen Bildern, sitzen die Tag- und Nachttiere natürlich nie beisammen. Aber auf einem Spaziergang bei Sonnen- oder Mondschein kannst du dem einen oder anderen begegnen.

Und warum sitzt der Maulwurf zwischen den Tag- und Nachtbildern? Sein Tageslauf wird nicht von der Sonne bestimmt. Er lebt in der Erde. Dort sagt ihm sein Magen, wann es Zeit zum Fressen und Schlafen ist.

Tiere, die meist nachts unterwegs sind

- 8 Feldhase
- 9 Waldkauz
- 10 Fuchs
- 11 Wegschnecke
- 12 Glühwürmchen
- 13 Windenschwärmer
- 14 Waldmaus

Maulwurf

Die Vogel-Uhr

Pflanzen und Tiere haben ein gutes Zeitgefühl. Der Rhythmus von Tag und Nacht hat sich ihnen so fest eingeprägt, daß es manchmal scheint, als ob sie eine Uhr in sich hätten. Und diese »innere Uhr« geht ganz genau. Du kannst das an jedem Morgen im Frühling miterleben, wenn du den Vögeln zuhörst. Sie wachen pünktlich zu einer bestimmten Zeit auf und tun dies mit lautem Gesang kund.
Lange vor Sonnenaufgang, oft noch in der Nacht, beginnt die Nachtigall (1) zu flöten. Frühaufsteher sind auch Gartenrotschwanz (2) und Feldlerche (3). Wenn es dämmert, fangen Amsel (4) und Zaunkönig (5) zu singen an. Und kurz vor Sonnenaufgang kräht der Hahn (6). Kohlmeise (7), Star (8) und Buchfink (9) sind Langschläfer.
Bei Regen und Kälte fängt das Morgenkonzert der Vögel etwas später an. Das Wetter hat ihre Vogel-Uhr ein wenig verstellt. Die Reihenfolge der Sänger bleibt aber die gleiche.

Die Sonnenuhr

Auch die Menschen besitzen eine »innere Uhr«. Sie haben fast verlernt, darauf zu hören. Ein Wecker, eine Armbanduhr oder die Uhr auf dem Kirchturm sagen ihnen die Zeit. Früher beobachteten die Menschen den Stand der Sonne, um zu wissen, wie spät es ist. Dann kamen sie darauf, die Zeit am Schatten abzulesen. Alles, was die Sonne anstrahlt, wirft einen Schatten. Und so, wie die Sonne über den Himmel wandert, so wandert auch der Schatten.
Du kannst es ja einmal ausprobieren. Befestige einen Bleistift mit etwas Knetgummi auf einer Pappe und stelle das Ganze in die Sonne. Nach jeder Stunde kannst du mit einem Strich markieren, wie weit der Schatten des Bleistifts schon gewandert ist. Wenn die Sonne ihren höchsten Punkt im Süden erreicht hat, ist der Schatten am kürzesten und zeigt genau nach Norden.
Ebenso funktionieren richtige Sonnenuhren. Man sieht sie heute noch auf manchen Häusern. An Stelle des Bleistifts ragt ein Stab aus der Wand, und sein Schatten gleitet wie ein Zeiger über das Ziffernblatt.

Diese Sonnenuhr wurde vor etwa 30 Jahren auf die Südseite eines Hauses gemalt. Es ist jetzt kurz nach 8 Uhr morgens. Die Sonne scheint von schräg oben und wirft den Schatten des Stabes auf die Wand.

Sonnenuhren funktionieren natürlich nur, wenn die Sonne scheint. Mechanische Uhren zeigen auch bei Regen oder in der Nacht genau die Zeit an. Auf dieser ist es 8 Uhr und 7 Minuten und 23½ Sekunden. Die Uhr verrät uns aber nicht, ob es morgens oder abends ist.

Der Sommer

Heiß ist es jetzt, besonders mittags, wenn die Sonne hoch am Himmel steht. An so einem Tag haben alle Durst, auch die Pflanzen. Manchmal finden ihre Wurzeln kein Wasser mehr im ausgetrockneten Boden. Dann lassen sie die Blätter hängen und beginnen zu welken (1).

Pflanzen müssen mit dem auskommen, was es an ihrem Standort gibt. Bei Hitze und Trockenheit ist jeder Wassertropfen für sie kostbar. Aber wenn es einmal nicht regnet, verdursten sie nicht gleich, denn sie können sparsam mit dem Wasser haushalten. Zuerst schließen sie die winzigen Spalten in ihren Blättern, damit nicht so viel Wasser verdunstet. Es ist, als ob sie Fenster und Türen zumachten. Manche können wie der Mauerpfeffer (2) in ihren fleischigen Blättern das Wasser speichern. Und die Kompaßpflanze (3) stellt bei Hitze ihre Blätter auf und dreht sie so, daß die heiße Mittagssonne sie nicht voll treffen kann.

Die meisten Tiere, wie etwa der Frosch (4) suchen bei Hitze Schutz im Schatten. Seine feuchte Haut würde

sonst schnell austrocknen. Aus demselben Grund verschließen die Schnecken (6) ihr Haus mit einer feinen Schicht. Sogar ein Schmetterling wie der Kaisermantel (5), der sonst die Sonne mit aufgeklappten Flügeln einfängt, hat diese nun nach oben gestellt. Unermüdlich sind die Bienen (7) unterwegs. Sie tragen aus einer Pfütze kleine Wassertropfen heim und kühlen den Bienenstock, damit das Wachs nicht schmilzt.
So drückend heiß ist es oft, daß wir schwitzen. Richtig feucht ist dann die Haut. Aber der Schweiß kühlt. Der Schäferhund (8) kann nicht schwitzen, obwohl es ihm in seinem dicken Fell furchtbar warm ist. Er hechelt, um sich Kühlung zu verschaffen. Die Hasen und Kaninchen (9) können durch die zarte Haut ihrer großen Ohren die überschüssige Wärme abgeben.
Viele Beispiele hast du auf dieser Seite gelesen. Aber es gibt noch tausend andere Möglichkeiten, wie Pflanzen und Tiere mit der Hitze und Trockenheit des Sommers fertig werden.

Vom Überfluß des Sommers

Viele Stunden schien die Sonne im Frühling und Sommer auf das Land. Die Pflanzen nutzten Licht und Wärme und wuchsen und wuchsen. Überall entstanden neue Blätter, Triebe und Blüten. Die Sommerblumen auf den Wiesen sind nun voller Samen wie hier die Pusteblume des Löwenzahns (1). Die kleinen Schirmchen werden vom Wind fortgetragen, und aus jedem Samen kann eine neue Löwenzahnpflanze entstehen. Blumen und Gräser, Sträucher und Bäume, sie alle bilden jedes Jahr Millionen neuer Samen.
Auch die Tiere können sich ungeheuer vermehren. Aus den Eiern eines einzigen Kohlweißlings (2) schlüpfen 600 kleine Raupen. Nun nagen sie an den Blättern des Kohls und verwandeln sich schließlich in 600 flatternde Schmetterlinge. Reichlich Nachkommen gibt es auch bei den Wildkaninchen (3). Schon zeitig im Frühling werden die ersten sechs Jungen geboren. Bis zum Herbst bekommt die Kaninchenmutter noch vier oder fünf Mal Kinder, so daß in einem Jahr rund 30

kleine Kaninchen herumtollen. Und am Waldrand sitzt die Fuchsfamilie (4) mit ihren fünf jungen Füchsen.

Aber hast du schon einmal Wolken aus Kohlweißlingen und Pflanzensamen gesehen oder so viele Füchse und Kaninchen zusammen wie auf diesem Bild? Natürlich nicht. Aber wie alles in der Natur, so hat es einen guten Grund, warum zunächst so ein Überfluß entstehen muß.

Pflanzen und Tiere haben möglichst viele Nachkommen, damit diese groß werden und sich dann wieder weiter vermehren. Aber nicht alle erreichen dieses Ziel. Die Samen des Löwenzahns zum Beispiel können sich den Platz, zu dem der Wind sie trägt, nicht aussuchen. Viele landen auf steinigem Boden und gehen zugrunde. Aber je mehr unterwegs sind, desto eher fällt vielleicht einer von ihnen auf fruchtbare Erde und kann dort keimen und wachsen.

Auch für Tiere drohen vielerlei Gefahren, wie Kälte und Nässe, Hunger und Krankheit. Es gibt für sie aber noch eine andere Gefahr und von der hörst du auf der nächsten Seite.

25

Die Pflanzenfresser
1 Schmetterling und Raupe
2 Kartoffelkäfer
3 Feldhase
4 Regenwurm
5 Feldmaus

Die Räuber
6 Spitzmaus
7 Kohlmeisen
8 Habicht
9 Fuchs

Wie der Fuchs die Sonne auffrißt

Siehst du den Feldhasen auf dem Bild? Er mümmelt gerade ein Kleeblatt, aber auch Löwenzahn und Gras machen diesen *Pflanzenfresser* satt. Aus jeder Pflanze holt er sich die gespeicherte Sonnenenergie, und diese gibt ihm Kraft zu atmen, sich warmzuhalten und über den Acker zu flitzen. Meist futtert er mehr, als er zum Leben braucht. Davon bekommt er starke Muskeln und für den Winter eine Speckschicht. Der Hase verbraucht also einen Teil der aufgenommenen Energie und speichert den Rest in seinem Körper. Der Fuchs ist ein *Räuber*. Manchmal erwischt er einen Hasen und bringt ihn zu seinen Jungen in den Bau, damit alle satt werden. Der Fuchs holt sich die Sonnenenergie, die der Hase gespeichert hatte. Der bekam sie von den Pflanzen, und die Pflanzen bekamen sie von der Sonne. So wird Energie von einem zum anderen weitergegeben, und jeder verbraucht etwas davon.

Den Weg der Sonnenenergie kannst du hier auf dem Bild verfolgen. Dein Finger wandert von der Sonne zuerst zu den Pflanzen, dann weiter zu den Pflanzenfressern und schließlich führen die Linien zu den Räubern. So eine Linie nennt man *Nahrungskette*. Und weil die Tiere verschiedene Dinge fressen und auch verschiedene Feinde haben, verknüpfen sich die Ketten wie zu einem Netz. Auf dem Bild sind nur ein paar Möglichkeiten dargestellt, wie ein *Nahrungsnetz* aussehen kann.
Viele Tiere sind sowohl Pflanzenfresser als auch Räuber. Die Kohlmeise etwa füttert ihre Jungen mit kleinen Insekten. Im Winter am Futterhäuschen holt sie sich aber gerne auch Sonnenblumenkerne und andere Samen. Die Menschen ernähren sich ebenfalls von gemischter Kost wie Obst, Gemüse, Eiern und Fleisch.
Pflanzen werden gefressen, Tiere werden gefressen. Wie gut, daß sie sich im Sommer so stark vermehrt haben! So bleiben meist genug am Leben. Alle sind wie Glieder in einer Kette und geben ihre Energie an den nächsten weiter. Und diese Energie kommt von der Sonne.

Der Herbst

Wieder sind jetzt Tag und Nacht gleich lang. Aber nun beginnt die sonnenarme und kalte Hälfte des Jahres. Die Nächte werden länger als die Tage.

Die Felder sind leer. Was die Sonne im Sommer wachsen ließ, ist geerntet. Die grünen Blätter vieler Pflanzen verfärben sich und sterben ab.

Aber bevor sich Pflanzen und Tiere auf den Winter einstellen, beginnt für sie die Zeit der Wanderungen. Von den Pflanzen sind nun die Samen und Früchte unterwegs. Viele von ihnen sind mit kleinen Flügeln und Fallschirmen ausgerüstet. Damit lassen sie sich, wie hier der Distelsamen (1), vom Wind möglichst weit von der Mutterpflanze wegtragen. Denn überall im Land sollen kräftige neue Pflanzen entstehen. Und wenn alle Samen an einer Stelle zu Boden fielen, würden sie sich gegenseitig Platz und Sonne wegnehmen.

Die meisten Tierkinder sind nun erwachsen geworden. Sie verlassen die Eltern und suchen sich eine neue Behausung. An zarten, glitzernden Fäden schweben die winzigen Spinnen (2) durch die Luft. Manchmal reißt sie der Herbststurm viele Kilometer weit mit sich fort. Manchmal landen sie aber schon am nächsten Zweig.

Auch die Zugvögel sind jetzt unterwegs. Obwohl die Tage bei uns noch warm sind, sagt ihnen ihre »innere Uhr«: Es ist Zeit zum Aufbruch! Sie wandern der Sonne nach in den Süden, wo um diese Jahreszeit die Tage länger und wärmer sind. Früh machen sich die Schwalben (3) auf den Weg, als ob sie wüßten, daß es hier für sie bald keine Insekten mehr gibt. Der Stieglitz (4), auch Distelfink genannt, bleibt so lange im Lande, bis der Schnee seine Lieblingsspeise, die Distelsamen, zudeckt.

Hast du gewußt, daß im Herbst auch einige Schmetterlinge, wie Admiral (5) und Distelfalter (6), mit den Zugvögeln auf die Reise gehen? Ihre zerbrechlichen Flügel tragen sie durch Gebirgstäler, über Alpenpässe und über das Meer bis an die Küste Afrikas. In der Frühlingssonne kehren ihre Kinder zusammen mit den Zugvögeln zu uns zurück.

Wenn die Sonne vom Mond herunter scheint

Der Mond begleitet die Erde seit Millionen Jahren auf ihrem Weg um die Sonne. Viele Menschen freuen sich, wenn sein silbriges Licht in regelmäßigen Abständen die Nächte erhellt. Bestimmt ist das Mondlicht für das Leben auf der Erde nicht so wichtig wie das Sonnenlicht. Aber für manche Tiere, besonders für die Zugvögel, ist es ein sicherer Wegweiser auf ihren nächtlichen Wanderungen.

Der Mond kann selbst nicht leuchten. Er ist eine kalte, leblose Kugel. Mit einem starken Fernglas kannst du dort Berge, Täler und Steinwüsten entdecken. Er wird von der Sonne angestrahlt und wirft ihr Licht wie ein riesiger Spiegel als Mondlicht auf die Erde.

Sonne, Mond und Erde sind in ständiger Bewegung. Und je nachdem, wie sie im Weltraum gerade zueinander stehen, sehen wir von der Erde aus den Mond in ganz verschiedenen Formen. Der Mond hat eine leuchtende, helle Seite und eine Schattenseite, wie alles, was die Sonne anstrahlt.

Bei *Neumond* können wir den Mond am Himmel gar nicht sehen, weil wir auf seine Schattenseite schauen. Aber von nun an zeigt er uns Nacht für Nacht mehr von seiner leuchtenden Seite. Die schmale Mondsichel wächst zum *Halbmond* und weiter zum *Vollmond*. Doch schon wird der Mond wieder zum Halbmond und nimmt weiter ab, bis er als Neumond für unsere Augen verschwindet.

Von Neumond zu Neumond dauert es etwas weniger als einen ganzen Monat.

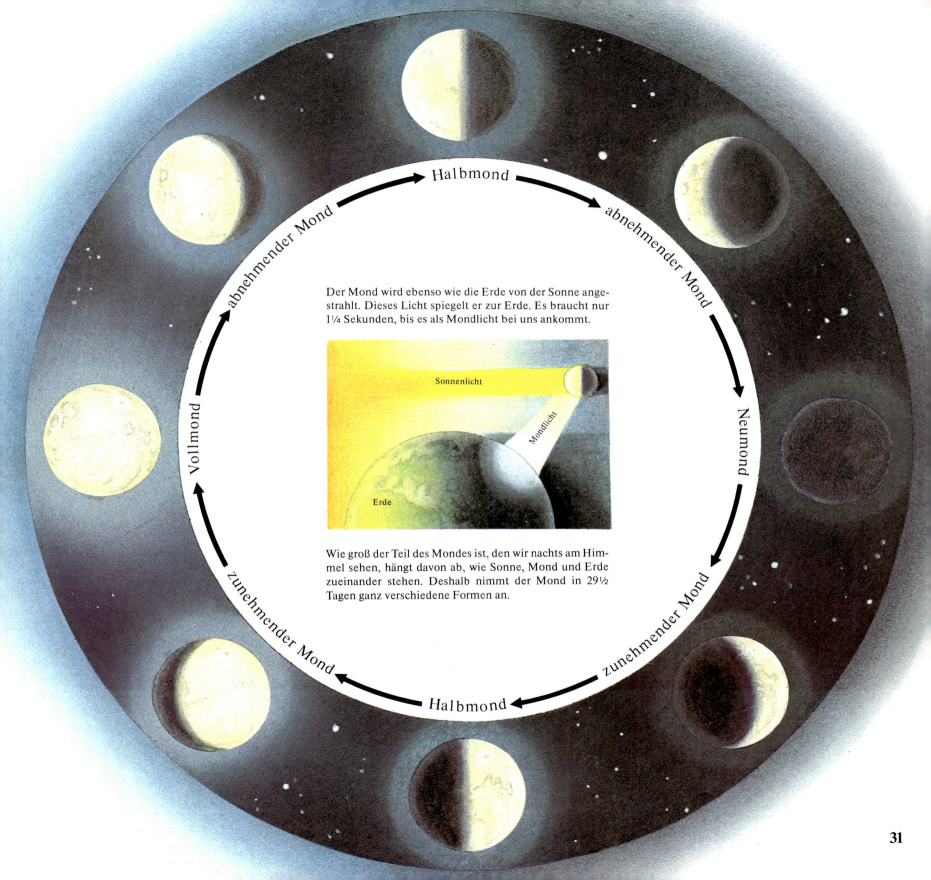

Der Mond wird ebenso wie die Erde von der Sonne angestrahlt. Dieses Licht spiegelt er zur Erde. Es braucht nur 1¼ Sekunden, bis es als Mondlicht bei uns ankommt.

Wie groß der Teil des Mondes ist, den wir nachts am Himmel sehen, hängt davon ab, wie Sonne, Mond und Erde zueinander stehen. Deshalb nimmt der Mond in 29½ Tagen ganz verschiedene Formen an.

vor etwa 300 000 000 Jahren

Jetzt steckt die Sonne im Ofen

Bei uns wird es jetzt immer kälter. Die schrägen Strahlen der Sonne haben nicht mehr genug Kraft, die Erde zu erwärmen. Die Menschen müssen heizen, damit sie nicht frieren. Sicher hast du schon einmal gesehen, wie in einem Ofen Holz verbrennt. Wer denkt dabei, daß die Hitze des Feuers von der Sonne stammt?

heute

Als das Holzscheit noch ein Baum war, haben seine Blätter die Sonnenenergie eingefangen. Der Baum hat sie gespeichert. Beim Verbrennen des Holzes wird diese Energie wieder frei und wärmt uns.
Auch Kohle, Erdöl und Erdgas benützen wir als Brennstoffe. Man braucht sie nicht nur zum Heizen, sondern auch, um Elektrizität, Benzin und vieles mehr herzustellen. Alle Brennstoffe, die oft tief aus dem Boden geholt werden, haben Energie in sich. Am Beispiel der Kohle kann man sich am besten vorstellen, woher diese Energie kommt.
Vor vielen Millionen Jahren waren große Teile der Erde mit Urwäldern bedeckt. Die Sonne brannte heiß, der Boden war feucht und sumpfig. Damals schwirrten riesige Libellen über das Wasser, und Saurier patschten durch den Sumpf. Später versanken die Bäume kreuz und quer im Schlamm. Oft stürzten Geröll und ganze Berge darüber. Wieder wuchsen Wälder empor. Nun gab es andere Tiere und Pflanzen. Tief in der Erde, begraben unter vielen Gesteinsschichten, gedrückt, geschoben, gepreßt und gefaltet, wurde im Lauf einer langen Zeit aus den Pflanzen Kohle. Und darin, gefangen seit Millionen Jahren, steckt immer noch die Kraft der Sonne von damals. Wenn wir heute Kohle verbrennen, lassen wir diese Energie wieder frei.
Weil wir viel Energie verbrauchen, werden die Vorräte der Erde an Holz, Kohle und Erdöl immer kleiner. Deshalb versuchen die Menschen heutzutage, die Sonnenenergie direkt aus den Sonnenstrahlen zu holen, ähnlich wie es die Pflanzen machen. Vielleicht können wir unsere Häuser bald mit Sonnenenergie heizen. Und Sonnenenergie wird noch viele Millionen Jahre lang von der Sonne zur Erde kommen.

Der Winter

Nun ist es Winter. Alle, die jetzt unterwegs sind, müssen sich gut gegen die Kälte schützen. Du hast es leicht, ziehst einfach Mantel, Mütze und Handschuhe an. Aber die Tiere? Viele müssen, wie wir auch, ständig eine bestimmte Wärme in ihrem Körper halten. Die Blaumeise und andere Vögel plustern darum ihr Gefieder auf. Die Luftschicht zwischen den Federn isoliert sie gegen die Kälte. Und während du unter einem Federbett schläfst, überleben sie als kleine Federbällchen die eisigen Nächte.

Der Feldhase hat schon im Herbst damit begonnen, sein Fell in einen dicken Winterpelz zu verwandeln. Auch eine Speckschicht hilft den Tieren, sich warm zu halten.

Aber irgendwann dringt die Kälte sogar durch Pelz und Federn. Viele Tiere frieren im Winter. Und so wie der Brennstoff im Ofen das Zimmer heizt, so brauchen die Tiere nun Nahrung, um in ihrem Körper Wärme zu erzeugen. Je kälter es ist, um so mehr müssen sie fressen. Ein kleiner Vogel wie die Meise kann im Winter nicht viel länger als 24 Stunden ohne Futter auskommen.

Oft bedeckt Schnee das Land und viele Tiere haben Mühe, genug Nahrung zu finden. Aber in jedem Samen, in jedem Grashalm, sogar in der Rinde, die der Hase vom Zweig knabbert, steckt ein klein wenig Energie von der Sonne. Sie hilft nun den Tieren, Hunger und Kälte zu überstehen.

Der Winter ist eine dunkle und kalte Zeit. Auch wenn unsere Zimmer hell und warm sind, so fehlt uns doch die Sonne, und nichts kann sie ersetzen. Ohne die Sonne werden wir bald unlustig und müde, ja oft sogar krank.

Aber zum Glück wandert die Erde auf ihrem Weg um die Sonne immer weiter, und so folgt auf den kalten Winter ganz sicher wieder der Frühling mit Tagen voller Sonnenlicht und Sonnenwärme.

Was alles in diesem Buch steht

Die Sonne und die Erde	Seite	7
Die Sonne und die Jahreszeiten		8
Der Sonnenbogen		9
Über die Sonnenstrahlen		10
Der Regenbogen und die Farben		11
Vom Wasser und den Temperaturen		12
Der Frühling		14
Tag und Nacht im Leben der Pflanzen		16
Der eine schläft, der andere ist wach		18
Die Vogel-Uhr · Die Sonnenuhr		20
Der Sommer		22
Vom Überfluß des Sommers		24
Wie der Fuchs die Sonne auffrißt		27
Der Herbst		29
Wenn die Sonne vom Mond herunter scheint		30
Jetzt steckt die Sonne im Ofen		32
Der Winter		34
Und noch etwas über Sonne, Mond und Erde		37

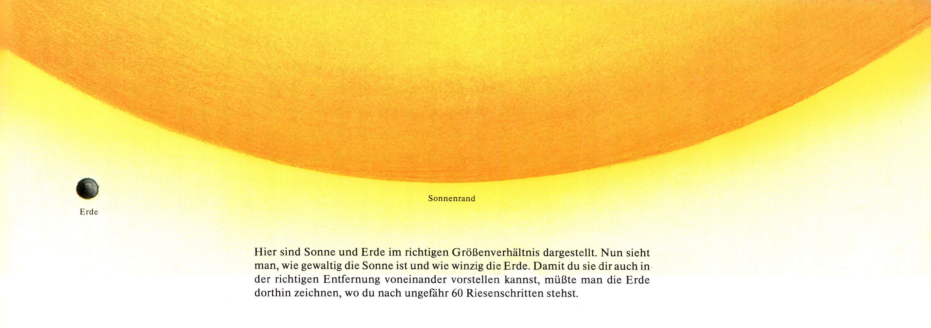

Erde

Sonnenrand

Hier sind Sonne und Erde im richtigen Größenverhältnis dargestellt. Nun sieht man, wie gewaltig die Sonne ist und wie winzig die Erde. Damit du sie dir auch in der richtigen Entfernung voneinander vorstellen kannst, müßte man die Erde dorthin zeichnen, wo du nach ungefähr 60 Riesenschritten stehst.

Und noch etwas über Sonne, Mond und Erde

Die Sonnenfinsternis
Besonders aufregend ist es, wenn sich die Sonne verfinstert. Sie hört aber nicht auf zu scheinen. Es ist der Mond, der sie für wenige Stunden verdeckt, denn er hat sich genau zwischen Sonne und Erde geschoben. Eine Sonnenfinsternis ist nur von dem Fleckchen Erde aus wahrzunehmen, auf den der Mondschatten trifft.

Die Mondfinsternis
Auch die Erde wirft einen Schatten in den Weltraum, genau wie alles, was die Sonne anstrahlt. Manchmal wandert der Mond auf seinem Weg um die Erde mitten durch diesen Schatten. Dann verdunkelt sich der Vollmond für kurze Zeit, weil er kein Licht mehr von der Sonne bekommt.

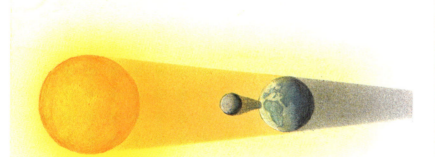

Sonne Mond Erde

Sonne Erde Mond